AF554608

LETTRE A M. BELLART,

PAR

M. GILBERT DE VOISINS,

ANCIEN DÉPUTÉ.

PARIS.

BAUDOUIN FRERES, LIBRAIRES,
RUE DE VAUGIRARD, N° 17.

NOVEMBRE 1825.

IMPRIMERIE DE J. TASTU,
RUE DE VAUGIRARD, N° 36.

LETTRE

A M. BELLART.

MONSIEUR,

UN homme aussi éclairé que vous, revêtu de fonctions éminentes, ne cherchant que la vérité, convaincu que son premier devoir est de tenir d'une main aussi impartiale que ferme la balance de la justice, doit être inaccessible à cette humeur à laquelle se livrent trop ordinairement les esprits vulgaires qui se laissent dominer par un amour-propre mal entendu et qui s'irritent à la moindre critique. Aussi je ne doute pas que vous n'ayez lu avec un sentiment de reconnaissance la lettre qui vous a été dernièrement adressée par un écrivain non moins distingué par le piquant et l'originalité de son style que par la force de son argumentation. Vous lui savez gré de vous avoir signalé les erreurs dans lesquelles vous êtes involontairement tombé; erreurs bien excusables! Exclusivement occupé, jusqu'à présent, de l'étude et de l'application du droit commun, autant je me plais à reconnaître vos lumières supérieures sous ce rapport, autant je conviens que vous avez dû être pris au dépourvu sur des matières plus théologiques que légales, et sur lesquelles vous devez être étonné vous-même d'avoir eu à vous expliquer.

Je ne reviendrai pas sur les objets qui ont été traités par votre premier correspondant. Mais il est un point sur lequel il a gardé le silence et sur lequel je crois devoir vous soumettre quelques observations. Je serais heureux qu'elles vous parussent fondées, et de mériter aussi une part dans votre estime et dans votre reconnaissance.

Un des reproches que vous adressez au Constitutionnel, c'est d'avoir blâmé le rétablissement de diverses congrégations religieuses. Vous voyez dans ce blâme une attaque contre la religion même. Vous faites une énumération assez longue des Moines dont ce journal aurait parlé avec irrévérence. On trouve dans cette nomenclature les Ignorantins, les Charitains, des Capucins même; et elle se termine par un etc.

C'est sur lui que je désire vous entretenir. Il n'a été une énigme pour personne. Tout le monde y a reconnu les Jésuites. Chacun a pensé que vous aviez été effrayé de prononcer ce nom devant des Magistrats français, dans cette enceinte même où furent dévoilés tous leurs forfaits, et dans laquelle fut constatée d'une manière si authentique et si solennelle la perversité de leurs doctrines. Je suis convaincu, en effet, que les Magistrats auraient frémi d'indignation et d'horreur. Je ne prétends pas répéter ici tout ce qui a été dit à ce sujet. Je ne vous rappellerai pas tous les maux qu'ils ont causés, tout le sang qu'ils ont fait verser, les guerres religieuses dont ils ont été les excitateurs, les crimes dont ils ont été les auteurs ou les complices; je ne vous les représenterai pas nageant dans les flots de sang de la Saint-Barthélemy, se réjouissant des larmes que la révocation de l'édit de Nantes faisait verser à la France privée de tant de citoyens utiles dont l'industrie l'enrichissait. Je me bornerai à une seule réflexion : le régicide, inconnu en France, y est entré avec eux. Avant leur fatale admission, aucun de nos rois n'était tombé sous un fer parricide, et à peine un demi-siècle s'était-il écoulé depuis leur apparition au milieu de nous, que deux de nos rois assassinés apprenaient à la France éplorée les résultats de leur infernale doctrine, et les moyens qu'ils employaient pour établir leur domination.

Mais je ne veux pas traiter la question politique. Vous n'accusez point sous ce rapport. Le Constitutionnel n'a, en général, combattu l'invasion des Jésuites que sous celui des dangers dont ils menaçaient l'inviolabilité du monarque, l'indépendance de la couronne, les franchises de l'Église gallicane, et les libertés publiques. Vous paraissez par votre silence rendre un secret hommage aux principes politiques du journal, seulement vous supposez que la crainte qu'il manifeste est pure hypocrisie, et qu'au fond c'est l'irréligion, la haine de l'épiscopat, et de la papauté, du catholicisme en un mot qui dirigent ses attaques.

Je ne veux pas discuter la question de savoir jusqu'à quel point un Procureur-général a le droit de scruter les consciences, et d'accuser, pour une intention présumée, quand les actes extérieurs, ou les écrits ne sont point coupables aux yeux de la loi. Vous connaissez mieux que moi la distinction du for intérieur et du for extérieur.

D'ailleurs cette discussion devient inutile, si je suis assez heureux pour vous prouver que l'opposition au rétablissement des Jésuites n'est pas moins dans l'intérêt des Pasteurs du second ordre, des Évêques, du Pape même, du catholicisme en un mot, que dans l'intérêt du pouvoir temporel. Si je fournis cette preuve, le Constitutionnel n'étant point accusé pour tendance politique, il sera établi qu'il n'y a pas non plus tendance irréligieuse, et dès-lors votre accusation restera sans base.

Vous n'ignorez pas, sans doute, que c'est sous ce rapport que cette Société fut si long-temps repoussée par le concert unanime des Parlemens, des Universités, des Facultés de théologie, des Évêques et des Pasteurs du second ordre. En effet, les Jésuites répandaient déjà des doctrines contraires à celles de la France, portaient atteinte à la hiérarchie, en refusant de se soumettre à la juridiction des ordinaires ; et, en prêchant aux autres l'infaillibilité du Pape, foulaient aux pieds les décrets et les décisions du chef de l'Église quand ces actes contrariaient leurs projets et leur plan de domination universelle, même sur le Saint-Siége.

Vous demanderez peut-être pourquoi, s'il en est ainsi, le Pape lui-même semble favoriser le rétablissement de cette société? Je pourrais me borner à répondre que, comme homme, le Pape est sujet à erreur, et que, comme souverain, il est exposé à être dirigé par un mauvais entourage et des conseils perfides; malheur trop commun chez ceux qui sont revêtus de la puissance suprême. Le respect même dont on est pénétré pour le Saint-Siége, centre de l'unité catholique, ferait désirer qu'il n'émanât, du lieu où réside le chef de l'Église, aucun acte qui ne méritât les hommages de tous les fidèles ; mais une trop malheureuse expérience nous a appris que les Pontifes les plus respectables par leur dignité, ne sont point à l'abri des surprises, triste apanage de la faiblesse de l'humanité.

« Heureux les Papes (disait M. l'avocat-géné-
» ral Joly de Fleury, le 19 mai 1763, en dénon-
» çant un bref de Rome), dont les ministres n'ont
» d'autres mobiles que la gloire et les véritables
» intérêts du Saint-Siége. Ils sont les plus fermes
» appuis de son autorité, et ne la compromettent
» jamais parce qu'ils ne font entendre aux Pontifes

» que la voix de la religion et les droits de la » vérité. »

Il serait à désirer que ceux que leur place met dans le cas d'aider le Pape de leurs conseils, se conformassent à une maxime si utile; mais il paraît qu'aveuglés par une prévention incroyable pour une Société si justement proscrite par les monarques les plus renommés pour leur piété, ils ne craignent pas de former pour son rétablissement, et pour l'accroissement de son crédit des vœux qui seraient plus utilement employés à conjurer le ciel d'éclairer ceux qu'une ignorance volontaire et inexcusable retient encore dans les liens des préjugés funestes de cette Société.

J'arrive maintenant à l'exposition des preuves que je me suis engagé à vous fournir, 1° sur le tort que les Jésuites font à l'Église de Jésus-Christ en voulant se mettre à sa place; 2° sur leur insubordination envers les souverains Pontifes eux-mêmes. Elles seront telles que vous serez amené à reconnaître qu'on n'est ni irréligieux, ni ennemi du catholicisme pour combattre les Jésuites, mais qu'au contraire on sert la cause de la religion et qu'on défend l'autorité du Saint-Siége contre une Société qui ne veut reconnaître aucun pouvoir au-dessus d'elle.

En effet, dans tous les temps les Jésuites se sont efforcés de confondre l'Église avec leur Société, pour procurer à celle-ci tout l'éclat et tous les hommages qui n'étaient dus qu'à l'Église, et qu'ils ont exigés en faveur de la société, des personnes de tout rang, de tout sexe et de toute condition.

Suivant leurs écrivains les plus célèbres, dans le livre intitulé, *Imago primi sæculi*, les Jésuites attribuent à leur Société tous les caractères de l'Eglise. Il suffit de parcourir les titres de ce livre bizarre pour juger du ridicule auquel ont été portées ces fastueuses idées.

L'origine de la Société, suivant eux, est divine; sa destination est sublime. Il a été prévu par les Prophètes qu'elle serait suscitée dans les temps pour défendre et protéger l'Église. « Elle a rempli la prophétie de Malachie, en se répandant dans tout l'univers [1]. »

Le chapitre 2 du titre 2 du livre premier a pour titre général : *La Société prédite par les Prophètes* [2].

Ce chapitre a différentes divisions, dont chacune a son titre particulier :

L'Eglise décrite par les Prophètes ;

L'Église avertie du péril, mais confirmée par l'assurance de la victoire;

La Société de Jésus promise à l'Église dans ses afflictions [3].

[1] « Societas toto orbe diffusa implet prophetiam Malachiæ. » Imago primi sæculi, liv. 2, page 318.

[2] « Societas vaticiniis prædicta. » Liv. 1, chap. 2, page 57.

[3] « Societas Jesu, Ecclesiæ laboranti promissa. »

C'est à elle que s'applique ce que David dit de Sion, c'est-à-dire, de l'Église de Dieu :

La Société prédite par le prophète Isaïe;

Le Nouveau Testament s'applique, comme l'Ancien, à la Société;

La Société est le même établissement que celui des apôtres [1];

Le chef de l'Église et celui de la Société est le même;

La Société est annoncée dans l'Apocalypse;

La Société est substituée à l'Église;

Marie a enfanté à Dieu Ignace et sa Société [2];

Dieu conversait souvent familièrement avec Ignace comme avec Moïse [3].

Est-il étonnant que d'après pareilles expressions un grand magistrat ait fait cette réflexion si sage : « Les rêveries des plus célèbres Jésuites » sur leur origine et leur vocation sont effrayantes, » si, comme il y a toute apparence, les projets de

[1] « Perspicuum est societatem Jesu ab apostolorum instituto ac religione non differre, nisi tempore : nec esse novum ordinem, sed tantùm instaurationem quamdam primæ » istius religionis, cujus auctor unus et solus fuit Jesus. » Liv. 1, chap. 3, page 65.

[2] « Maria Ignatium et societatem Deo peperit. » Liv. 1, chap. 5, page 72.

[3] « Loquebatur Dominus ad Moïsem sicut solet loqui homo » ad amicum suum; sed et ita sæpè cum Ignatio loquebatur. » Liv. 5, chap. 1, page 583.

» la Société sont proportionnés à l'idée qu'elle » a d'elle-même et de sa destination [1]. »

N'est-il pas incroyable que, dans un siècle aussi éclairé que le nôtre et soixante-trois ans seulement après l'époque où le vice radical des Constitutions des Jésuites a été dévoilé à l'univers, où l'attention de tous les gouvernemens et de toutes les nations a été appelée sur leur doctrine et sur leurs actions, où leur orgueil a été foudroyé avec une unanimité et un éclat qui surpassent toute croyance, les partisans de cette Société obsèdent le Souverain Pontife et tous les gouvernemens catholiques pour lui rendre son ancienne existence?

Je crois avoir rempli ma tâche sur le premier point; savoir, que les Jésuites nuisent à la religion en voulant se substituer à la place de l'Église de Jésus-Christ. Je passe à la seconde preuve, celle de leur insubordination envers les Souverains Pontifes eux-mêmes.

A l'époque de la destruction des Jésuites, il fut démontré, dans toutes les Cours souveraines du royaume, que la Société était ennemie des Papes, dont elle s'était réservé le droit d'anéantir les décrets; des Évêques, dont elle a voulu, en tout temps, avilir l'autorité; des Curés, dont elle a cherché à diminuer le pouvoir en attirant à la Société les brebis qu'elle détournait de leurs pasteurs.

[1] Compte de M. de Monclar, note II, page 314.

Si les partisans même des prétentions ultramontaines se conduisaient, en ce moment, par les principes d'une saine politique, ils feraient une sérieuse attention aux principes des Constitutions des Jésuites et à leur pratique constante à l'égard des Papes. Les Jésuites ne se sont déclarés, dès leur origine, protecteurs du système de l'infaillibilité pontificale, qu'ils ont constamment et persévéramment soutenue, que pour favoriser les vues ambitieuses qu'avait alors la Cour de Rome pour la formation d'un pouvoir indirect sur toutes les couronnes qui servît à pallier le pouvoir direct qu'elle prétendait lui appartenir, mais qui était trop ouvertement odieux à toutes les puissances de la terre. Les Jésuites n'ont pas cessé, depuis ce moment, de soutenir ces prétentions par une suite d'enseignement public contre lequel ont toujours réclamé, en France, les Évêques attachés à nos libertés, la Faculté de théologie et toutes les universités du royaume. La suite de ces censures se trouve mentionnée dans l'arrêt de 1762; mais la Cour de Rome ne devrait pas oublier que les Jésuites n'ont eu tant de zèle pour l'autorité du Pape, que pour élever encore plus haut l'autorité de leur général, auquel ils ont donné un pouvoir supérieur à celui du Pape même. Ils ont obtenu des bulles, à différentes époques, qui leur assurent la jouissance de leurs priviléges, indépendamment des Papes et malgré leur autorité; « et ces privi-
» léges ne peuvent être révoqués en aucun temps,

» ni limités, ni frappés de dérogation par le Saint-
» Siége, et autant de fois qu'il arriverait qu'ils
» fussent révoqués, quoique pour une cause pres-
» sante, légitime et raisonnable, autant de fois ils
» seront restitués dans leur ancien état, et même
» sous telle date que voudront la Société, son
» Général et ses autres supérieurs [1]. »

Aussi, toutes les fois que les Papes ont voulu faire usage contre les Jésuites du pouvoir personnel que leur donnait la place éminente de Chef visible de l'Église, leurs efforts ont toujours été impuissans; tout a été obligé de plier sous le pouvoir de la Société et le despotisme du Général.

Paul IV voulait que les Jésuites assistassent au chœur, et que le Général fût élu tous les trois ans. Laynez fit échouer l'un et l'autre projet [2].

Pie V ne voulait point approuver les vœux conditionnels que faisaient les Jésuites, ils résistèrent. Un de leurs historiens prétend que le Pape reconnut la force de leurs raisons [3].

Le même Pape défendit d'ordonner prêtre, à titre de pauvreté, ceux d'entre eux qui ne seraient pas liés par des vœux solennels : les Jésuites

[1] Bulle, *Ecclesiæ catholicæ*, Inst. Soc. Jes., t. I, p. 104, congreg V, Dec. LIV, t. I, p. 588. Décret. de 1751, Congr. XVII. Décr. de 1756, Congr. XVIII.

[2] Compte de M. de Montclar, note V, p. 290.

[3] *Id.*, p. 291.

trouvèrent le moyen d'éluder cette défense [1].

Sixte V ordonna que la Société fournirait aux religieux prêtres renvoyés, une pension alimentaire de quarante écus d'or.

La Société n'a jamais voulu souscrire à ce réglement [2].

Sixte V voulait encore que les novices fussent reçus par les congrégations provinciales : ses efforts n'ont pas eu plus de succès [3].

Clément VIII fut sans cesse occupé des Jésuites. Il voulait réformer plusieurs points de leur institut. L'adresse d'Aquaviva rendit toutes ses mesures inutiles. Lassé de la résistance de ce général, il lui ordonna de partir pour aller visiter l'Espagne. Ce pape mourut peu de temps après avoir donné cet ordre [4].

Quels efforts n'a pas faits Clément XI pour forcer les Jésuites à abandonner les rites chinois et malabares? Si jamais pape a pu se flatter d'être obéi par les Jésuites, Clément XI y avait plus de droit qu'aucun autre ; aussi ses décrets ont-ils été accueillis avec toutes sortes de protestations d'humilité et d'obéissance de la part des Jésuites de

[1] Compte de M. de Monclar, note XXI, page 341.

[2] Inst. Soc. Jés. Congr. VII, page 587.

[3] Compte de M. de Monclar, note XXI, page 243.

[4] « Interim Clemens, morbo tentatus, eodem paulo post » extinguitur et Aquaviva imperato itinere solutus est. » Hist. Soc. Jes. Jouvency, liv. 9, page 5, n° 104, page 32.

toutes les nations assemblés à Rome en 1711 ; mais, arrivés en Chine, ces mêmes décrets ne se sont plus trouvés que des lois de police soumises à l'autorité souveraine du général de la Société et de ses représentans ; et, à ce titre, ils n'ont eu aucune sorte d'exécution de la part des Jésuites : en vain les commissaires apostoliques ont-ils voulu les y contraindre ! Faut-il être étonné que les bulles de Benoît XIV sur cette matière soient aussi demeurées sans effet ?

Enfin la Cour de Rome doit savoir que « si les » Jésuites se sont engagés à combattre nos libertés » en servant le Pape suivant les maximes de Rome, » la Société a lié les mains plus d'une fois au » souverain Pontife. Elle a épouvanté les Rois sur » leurs trônes, ou par des menées dans d'autres » Cours, ou par son influence sur des objets » superstitieux ; elle a opprimé les sujets par » l'autorité des souverains qu'elle abusait, tantôt » opposant la faveur de Rome aux Princes mé- » contens de sa conduite, et tantôt *enchaînant* » *Rome elle-même par son crédit dans les autres* » *pays de la chrétienté*[1]. »

De quelle utilité peut donc être à la Cour de Rome la protection qu'elle semble accorder à une Société qui veut la dominer elle-même ? Pourquoi faire des efforts violens pour rétablir un édifice

[1] Compte de M. de Monclar, page 63.

qu'il est visible que le ciel avait frappé du glaive de sa justice ? La Cour de Rome, par ses efforts, trouble la tranquillité intérieure des États, elle renouvelle un de ces actes de pouvoir indirect sur les couronnes, contre lesquels les États se sont toujours élevés avec tant de force. La Cour de Rome devrait concevoir qu'elle rend toutes les nations plus curieuses et plus scrupuleusement attentives sur les chaînes secrètes de l'intrigue qui forment une union dangereuse entre les Jésuites et les prétentions ultramontaines; qu'elle avertit toutes les puissances de faire sur cette espèce de ligue les perquisitions les plus exactes dans leurs états, qu'elle excitera le zèle et la vigilance des Magistrats français sur ces intérêts cachés, et par une suite nécessaire, sur ces priviléges exorbitans qui lui sont si chers, priviléges inconnus aux premiers siècles de l'Église, peu conformes à son esprit et à sa discipline primitive, et dont la suppression pourrait être utile, sans nuire à l'ordre et à l'analogie de la foi.

Vous voyez qu'on peut blâmer le rétablissement des Jésuites, faire les plus grands efforts contre une nouvelle invasion de leur part, sans cesser d'être bon catholique, et que ce rétablissement est aussi contraire aux intérêts bien entendus de la Cour de Rome, que dangereux pour les princes temporels.

J'ai en ma possession une collection nombreuse de réquisitoires de MM. d'Ormesson, Joly de Fleury et d'autres magistrats que je m'abstiens de nommer. Dans la défiance de mes propres idées et de mes faibles lumières, j'ai relu ces réquisitoires, et je les ai comparés avec le vôtre. Quel a été mon étonnement! On aurait peine à croire qu'il émane d'un homme revêtu du même caractère que ces anciens magistrats, et que des doctrines si opposées aient été publiées dans le même pays.

Tout ce que vous louez, ces magistrats le blâment; tout ce que vous blâmez, ils l'approuvent. Les doctrines que vous combattez, ils les professent; les principes que vous repoussez, ils les proclament; ce que vous regardez comme une cause suffisante d'accusation, est l'objet de leurs éloges; enfin ces actes que vous vantez comme des actes de piété louables dans les fidèles et utiles à la religion, ils les dénoncent comme des superstitions dangereuses qui la déshonorent et lui nuisent.

Vous l'avouerai-je? Après cette comparaison, il m'est resté la conviction intime que si MM. d'Ormesson et Joly de Fleury pouvaient sortir de leurs tombeaux et prendre la parole, ce ne serait pas le Constitutionnel qui deviendrait l'objet de leurs censures et de leurs réquisitions.

Cette discussion, quoique en apparence spéciale, se rattache cependant aux intérêts généraux. Il en découle une vérité qu'il serait à désirer que les chefs politiques comme les chefs religieux voulussent bien reconnaître dans leur propre intérêt, non moins que dans celui des peuples;

c'est que les prétentions exagérées nuisent au pouvoir au lieu de le servir et de le consolider.

Depuis deux siècles environ, les progrès des lumières ont porté l'esprit humain à l'examen des doctrines religieuses et des doctrines politiques; on s'est livré à la discussion des droits et des devoirs réciproques des gouvernés et des gouvernans, et on a reconnu que les droits de ces derniers n'avaient été établis que dans l'intérêt de la société et non pour leur satisfaction personnelle ou l'avantage de quelques classes privilégiées. Dans cet état des choses, et avec cette disposition des esprits, il faut bien aussi reconnaître qu'il est dangereux d'essayer à remettre en vigueur, sous le rapport religieux comme sous le rapport politique, des maximes et des rêveries qui ne durent un trop long triomphe qu'aux épaisses ténèbres qui couvrirent l'Europe dans le moyen âge.

C'est une erreur, c'est une calomnie d'en conclure que les peuples sont enclins à l'irréligion et à la révolte contre toute autorité. Les idées religieuses ont plus d'empire qu'elles n'en avaient dans le siècle dernier, et jamais les idées d'ordre et de stabilité n'ont été plus dominantes. La France éprouvée par tant de secousses, après avoir brillé de tout l'éclat de la victoire, et de tout le courage de l'adversité, n'aspire qu'à pouvoir développer en liberté toutes ses facultés intellectuelles et industrielles sous la protection du régime légal. Jamais le respect pour la loi religieuse et civile n'a été plus prononcé, et le malaise qu'elle ressent, l'inquiétude qu'un parti veut faire prendre pour une opinion révolutionnaire, ne sont que le résultat des prétentions de quelques hommes plus religieux que la religion même, plus royalistes que nos rois. La stabilité des gouvernemens et le bonheur des peuples ne peuvent plus s'établir que sur la tolérance et la modération. Depuis deux siècles deux grandes révolutions ont offert un grand spectacle au monde; celle d'Angleterre et celle de France, et sauf la différence des époques et quelques nuances particulières, qui tiennent aux époques mêmes, elles ont amené le même résultat, savoir, qu'il ne peut y avoir de gouvernemens stables et solides que ceux qui remplissent le but de leur institution, et ne s'écartent pas de la ligne des intérêts généraux pour la conservation desquels ils ont été créés. Ce résultat est parfaitement décrit par de Lolme dans son ouvrage sur la constitution anglaise.

Il fut reconnu, dit cet écrivain, que les grandes agglomérations d'hommes ont besoin d'un chef; mais il fut décidé « que les nations n'appartiennent » pas aux rois : tous ces principes d'obéissance » passive, de droit divin, de pouvoir indestruc- » tible, en un mot, tout cet échafaudage de no- » tions funestes parce qu'elles étaient fausses, sur » lesquelles, jusque-là, l'autorité avait porté, fut » détruit, et l'on y substitua les appuis solides et » durables de l'amour de l'ordre et de la néces- » sité d'un gouvernement parmi les hommes. »

Ces sentimens dans le cœur, comme dans l'intérêt de tous, sont aujourd'hui les plus fermes soutiens de l'autorité suprême. Cette opinion a été sanctionnée par le monarque législateur qui nous a donné la Charte. Quels que soient les efforts des hommes, qui dans des intérêts privilégiés, essaient, tantôt sous le prétexte de la religion, tantôt sous l'apparence d'un dévouement exagéré, de démolir ce bienfait royal, il résistera à ces attaques, et ce nouveau pacte d'alliance entre les Français et l'ancienne dynastie des rois, sera une garantie mutuelle de la stabilité du trône et du bonheur et de la liberté du peuple.

Pour jouir des avantages de la monarchie constitutionnelle, l'Angleterre a dû subir l'épreuve d'une double révolution. Plus heureux que nos voisins, nous devrons la consolidation de cette combinaison politique, à la sagesse royale, et à une auguste influence, qui aurait fait jouir aussi l'Espagne des avantages de ce nouvel ordre de choses, si les ministres ne s'étaient point écartés de la ligne de sagesse qu'elle leur avait si glorieusement tracée.

www.ingramcontent.com/pod-product-compliance
Lightning Source LLC
LaVergne TN
LVHW020509230826
846091LV00008BA/3428

* 9 7 8 2 0 1 3 5 5 6 7 3 6 *